ÉLOGE

D'ORFILA,

PAR

P. BÉRARD,

Professeur de Physiologie à la Faculté de Médecine de Paris,
Inspecteur général des Facultés et Écoles secondaires de Médecine de France,
Membre de l'Académie impériale de Médecine,
Officier de la Légion d'Honneur ;

PRONONCÉ

dans la Séance de rentrée de la Faculté,

le 15 novembre 1854.

PARIS.

LABÉ, ÉDITEUR, LIBRAIRE DE LA FACULTÉ DE MÉDECINE,
place de l'École-de-Médecine.

1854

ÉLOGE
D'ORFILA.

MESSIEURS,

Il y a bientôt un demi-siècle qu'un jeune homme aux traits réguliers, à la physionomie intelligente et fine, quittait son pays natal pour venir entendre à Paris les leçons des professeurs les plus renommés de cette époque. Il était dans l'avenir de ce jeune étranger de créer une science nouvelle, de jeter un éclat sans égal dans l'une des chaires de l'École de médecine de Paris, de diriger l'administration de cette École, d'enrichir ses collections anatomiques et de la doter de cliniques nouvelles, d'organiser une partie de l'enseignement médical en France, de prendre part aux graves délibérations de l'administration de l'assistance publique à Paris, de siéger dans le conseil supérieur de l'Université, de fonder une société secourable pour les médecins tombés dans la détresse ou pour les familles de ces médecins, de servir encore l'humanité et la science en instituant de son vivant des legs d'une singulière munificence. Il lui était réservé de connaître tout ce que les honneurs dignement conquis, les louanges méritées, ont de plus enivrant ; mais il lui était réservé aussi de boire à cette coupe amère que l'adversité tient souvent en réserve à côté des heureux du jour.

Ce jeune homme, c'était ORFILA. Il était issu d'une famille d'honnêtes commerçants établis depuis le 14e siècle aux îles Baléares ; son père, qui ne manquait pas d'aisance, habitait Mahon (île Minorque). C'est là que le futur doyen de la Faculté de médecine de Paris avait vu le jour le 20 avril 1787.

Les événements de sa jeunesse offrent du piquant et de l'intérêt ; lui-même il nous les raconte, car il a écrit sa vie tout entière et n'a déposé la plume du biographe que pour se coucher dans la tombe. Dans cet intéressant manuscrit, qui n'est pas destiné à l'impression, il insiste sur les souvenirs de sa jeunesse et de son enfance. Ainsi ont fait presque tous ceux qui ont écrit leurs mémoires. Ces souvenirs ont pour tout le monde un charme irrésistible. Pendant qu'elle les retrace dans sa prison, Mme Roland oublie que l'échafaud est là qui l'attend ; et, pour citer un exemple moins tragique et plus familier, n'avons-nous pas vu, sur ses vieux ans, notre spirituel collègue Desgenettes consacrer un reste de vie au récit de quelques espiègleries d'enfance, tandis que nous attendions qu'il voulût bien nous parler, dans ses mémoires, du général Bonaparte et de l'armée d'Égypte, de Napoléon et de la grande armée. J'ai dû révéler l'existence du manuscrit d'Orfila, si habilement mis à profit par l'un de ses biographes. Je ne puis contester à l'honorable secrétaire perpétuel de l'Académie de médecine le double avantage de la priorité et du talent, mais j'ai dû éviter pour moi jusqu'à l'apparence du plagiat. Je serai sobre sur les anecdotes, Messieurs; une vie si remplie, des conquêtes scientifiques si multipliées, si précieuses pour la société, exigent de ma part un travail sérieux. Puisse-t-il n'être pas indigne de la mémoire d'Orfila !

Au 18ᵉ siècle, dans un petit pays arriéré, dont les habitants n'imaginaient pas qu'il y eût de carrières plus brillantes que celles de l'Église ou du commerce maritime, les moyens d'instruction étaient singulièrement bornés : pas de colléges, pas de pensions. L'éducation particulière pouvait seule suppléer à l'absence d'établissements universitaires. Le jeune Orfila fut mis entre les mains d'un cordelier, excellent homme et grammairien passable. On se plaignait naguère du luxe accablant des programmes d'études à l'usage de nos lycées : on énerve, disait-on, l'intelligence des enfants par le nombre excessif et la variété des notions dont on la surcharge. Le Père François n'eût point mérité ce reproche. Il ne parla à son élève ni de géographie, ni d'histoire, ni de cosmographie, ni de mathématiques, ni de grec. Il lui enseigna le latin ; mais il le poussa assez loin pour qu'il pût argumenter couramment en cette langue avec quelques condisciples, confiés comme lui aux soins du Père François. Malheureusement le maître voulut ajouter au latin la philosophie et former son élève à la dispute. Si quelque chose eût pu fausser l'esprit si droit de celui-ci, c'était incontestablement la nouvelle direction qu'on donnait à ses études. Au jour fixé pour la soutenance de sa thèse, il avait alors quatorze ans, la foule remplissait la grande église du couvent de Saint-François : là des prêtres et des moines vinrent argumenter le candidat pendant trois heures. La discussion portait sur des propositions comme celle-ci : *Impossibile est simul idem esse et non esse !* Son succès dans la lutte et les applaudissements de la foule ne purent lui faire prendre le change sur le néant de ce genre d'escrime. « Je ne sais rien, disait-il tristement à son père, et je m'aperçois qu'on me fait faire fausse route. » Déjà il pressentait qu'il y avait un autre monde, celui des faits et des lois qui les régissent, et il avait hâte d'y mettre le pied.

Son éducation première ne s'était pourtant pas bornée, dans son île natale, au latin et à la scolastique ; avide d'apprendre, il n'avait laissé échapper aucune occasion d'ajouter à ce qu'il savait déjà. Un abbé languedocien, que la Révolution avait jeté hors de France, lui avait enseigné le français. Bientôt après un prêtre irlandais, le révérend père John, l'avait initié à la langue anglaise ; et, comme il avait emprunté de chacun de ses maîtres, en même temps que leur langue, leur accent, on l'eût pu prendre alors pour un Languedocien à Paris, et pour un Irlandais à Londres.

Ce n'est pas tout : il a compris l'importance des mathématiques, dont pourtant il n'a pas la moindre notion. Il entreprend de les étudier ; il achète des livres. Il se met à l'œuvre, et s'il ne va pas, du premier coup, aussi loin que Pascal, qui, au dire de sa sœur, devina en se jouant trente-deux propositions d'Euclide, il posséda bientôt, grâce aux conseils d'un mathématicien dont il avait fait la découverte dans son île, l'arithmétique jusqu'aux logarithmes, l'algèbre jusqu'aux équations du premier degré, et la géométrie dans ses éléments. Pour apprendre plus vite et mieux, il s'avisa d'enseigner, ce qui était un excellent moyen. Deux petits garçons qu'il avait recrutés composèrent son auditoire ; il leur donnait les explications qu'il venait de recevoir.

Un événement singulier menaça de fermer pour toujours à notre jeune professeur la carrière de l'enseignement. Un soir, que son père lui avait infligé une correction peut-être trop sévère, il se coucha et s'endormit en pleurant. Le lendemain (ceux qui ont entendu les leçons d'Orfila le croiront à peine) il se réveilla bègue. Un médecin, ami de la famille, conseilla de l'envoyer chanter au lutrin pour le guérir. Ne rions pas trop du remède; le bon docteur Siguier n'ignorait probablement pas l'influence du rhythme sur le courant nerveux qui régit la partie mécanique de la parole : cela valait mieux que de couper les muscles génioglosses du jeune bègue. La recette eut un plein succès, et Orfila put continuer des études qui allaient devenir bientôt plus méthodiques, plus fortes et plus variées.

En effet, des circonstances mystérieuses, et sur lesquelles on se perdait en conjectures, avaient amené à Minorque un homme d'origine allemande, solidement instruit, parfaitement élevé, de manières distinguées, d'un caractère doux et aimable, grand musicien, pianiste excellent, parlant, outre sa langue, l'anglais, le français, l'italien, l'espagnol, et suffisamment versé dans les mathématiques, la physique, l'histoire naturelle et la logique.... Une perle jetée sur ce rocher aride! M. Coot (c'est le nom de cet étranger) et Orfila ne pouvaient manquer de s'y rencontrer, et même de se comprendre malgré la différence d'âges; vous devinez que le premier devint le maître du second.

Le moment était venu de faire choix d'une profession, grand sujet de perplexité dans les familles. Les conseils que, dans cette conjoncture, le jeune Orfila recevait sous le toit paternel n'avaient certainement pas été puisés dans le livre si populaire de Daniel Foë. Ici le père prédit à son fils aventureux tous les malheurs qui attendent le navigateur ; le père d'Orfila, au contraire, faisait à notre futur collègue le plus riant, le plus séduisant tableau de la vie de marin. Orfila consentit à en faire l'essai, mais sa première campagne l'en dégoûta à jamais. Il n'avait échappé à une terrible tempête que pour tomber entre les mains de pirates qui parlaient, à tout propos, de *tagliare testa* (couper la tête) aux gens de l'équipage ou de les faire asseoir sur un pieu bien effilé ! Libre enfin, et de retour à Mahon, il se prononça pour la carrière de la médecine ; il fut, en conséquence, envoyé à Valence. C'était en 1804 ; il avait alors dix-sept ans et demi.

L'absence de programme dans les établissements d'instruction supérieure peut avoir des inconvénients sérieux, puisque l'enseignement n'a de garanties ni contre le dévergondage d'esprit d'un professeur, si cela pouvait se rencontrer, ni contre la fatuité d'un novateur qui voudrait persuader à ses élèves qu'il n'y a de vrai, d'acceptable dans la science, que ce qu'il y a mis. Mais il est un autre écueil : c'est de renfermer les matières de l'enseignement dans un cadre si étroit, qu'il n'y ait plus pour le professeur possibilité d'initiative ou de suivre même le mouvement de la science. Voilà précisément ce qui se passait à Valence. En chimie, on suivait le livre de Macquer ; les élèves devaient l'apprendre par cœur, et, comme on lit, dans ce livre, que l'*air* et l'*eau* sont des corps simples, le professeur, pour se conformer au règlement, affirmait la chose aux élèves, bien qu'il fût intimement persuadé du contraire. Mais déjà les noms des Lavoisier, des Berthollet, des Fourcroy, avaient franchi les limites de la France ; Orfila s'était procuré leurs livres et avait cessé d'écouter les professeurs de l'Université de Valence. Cependant l'insuffisance de cette université soulevait des réclamations nombreuses, on menaçait de la supprimer ; elle annonce une sorte de tournoi scientifique entre ses élèves, et convie tous les savants d'Espagne à assister à cette lutte. Orfila s'y engage ; il fait triompher et cette université qui ne lui avait rien enseigné, et ce maître qui, dans l'expression naïve autant que modeste de son étonnement, disait à son élève : *Mais qui donc vous a appris tout cela?* Qu'il me soit permis de transcrire ici un paragraphe du procès-verbal de ce concours, que nous pouvons qualifier de *mémorable,* eu égard au retentissement qu'il eut dans Valence et au delà. «Matheo Orfila, dans l'épreuve qu'il subit le soir et qui dura près de deux heures, fit preuve de connaissances tellement vastes et approfondies en chimie et en tout ce qui se rapporte à cette science, il développa avec tant de talent les trois sujets que le sort lui avait assignés, en faisant des applications aux sciences et aux arts, en analysant les opinions anciennes et modernes, et en répondant promptement et sûrement à toutes les difficultés qui lui furent proposées, qu'il paralysa ses concurrents, et que les juges, ainsi que toute l'assemblée, lui accordèrent le prix par acclamation. » Les juges allèrent plus loin ; ils déclarèrent que le prix ne suffisait pas pour honorer le mérite de Matheo Orfila, et que l'inscription suivante, MATHEO ORFILA VICTOR, serait conservée dans l'Université, afin d'exciter une noble émulation parmi les jeunes étudiants.

La joie de ce triomphe fut singulièrement troublée le lendemain. Orfila fut invité à se rendre chez le grand inquisiteur. Qu'on juge de sa frayeur ! Lui était-il échappé, dans le feu de l'argumentation, quelque proposition hétérodoxe dont il aurait à rendre compte devant un tribunal redouté ? Sa crainte diminua un peu, quand il fut en présence du grand inquisiteur. Ce personnage ne ressemblait pas au muphti qui, dans *Micromégas*, juge les œuvres scientifiques de l'habitant de Sirius. C'était, dit Orfila, un homme d'une taille avantageuse et imposante, aux traits nobles, à la physionomie bienveillante. « Vous avez eu, dit-il à Orfila, un magnifique succès hier ; j'y ai vivement applaudi. J'aime la jeunesse studieuse et je cherche à l'encourager par tous les moyens dont je puis disposer. Qui êtes-vous ? d'où venez-vous ? et qu'allez-vous faire ? » Cet exorde acheva de rassurer Orfila, qui répondit à ces questions avec toutes les marques imaginables de déférence et de respect. « Est-il vrai, ajouta le grand inquisiteur (ici je copie le manuscrit d'Orfila), est-il vrai que dans la séance d'hier, lorsque vous étiez argumenté, vous ayez

laissé entrevoir, d'après les notions de physique
et de géologie que vous avez puisées dans les au-
teurs français, que le monde est plus ancien qu'on
ne l'a dit? Dites-moi la vérité. » Il faut croire que
les explications du jeune lauréat ne furent pas
moins satisfaisantes que celles de Buffon à la Sor-
bonne, alors qu'elle le tourmentait sur sa théorie
de la terre; car le grand inquisiteur édifié lui dit
en le congédiant : «Jeune homme, poursuivez
paisiblement vos études, honorez l'Espagne, et
n'oubliez pas qu'aujourd'hui, dans ce pays, l'inquisition n'est ni aussi tracassière ni aussi barbare
qu'on le suppose. » Les faits de ce genre sont rares
dans les annales de l'inquisition, celui-ci méritait
d'être recueilli.

La biographie des hommes dont le nom a eu
quelque retentissement ne doit pas être simple
objet de curiosité. Remontons aux causes de leurs
succès, nous y puiserons d'utiles enseignements.
La nature les avait richement dotés, sans doute,
ces hommes privilégiés; mais les efforts de leur
volonté avaient ajouté aux dons de la nature. Je
dirai bientôt les facultés heureuses et, à certains
égards, exceptionnelles, qu'Orfila avait reçues en
partage, son ardeur d'apprendre, et cette opiniâ-
treté au travail qui, tout Valence le savait, lui
avait fait outre-passer les préceptes de l'école de
Salerne, à ce point qu'il donnait à peine trois
heures par nuit au sommeil; mon intention est
de signaler ici une autre condition de l'avantage

qu'il venait d'obtenir sur ses condisciples. Il possédait plusieurs langues vivantes et celle en particulier dont s'était servi l'illustre et infortuné Lavoisier, alors qu'il posait les bases de la chimie moderne : voilà une des causes de son succès. Ce n'était, dira-t-on, qu'un moyen d'études, un instrument. Soit; mais c'est un moyen précieux, un instrument puissant, et dont ne peuvent guère se passer ceux qui cultivent les sciences depuis que, au grand désespoir des travailleurs, le latin a cessé d'être la langue des savants. Nous devons applaudir, Messieurs, à la pensée qui a introduit l'enseignement des langues vivantes dans la section scientifique des lycées.

Orfila venait de réhabiliter l'Université de Valence, mais il savait qu'elle n'avait plus rien à lui apprendre. L'Université de Barcelone jouissait d'une certaine renommée; il s'y rend, et pour la première fois il a la satisfaction de voir démontrer publiquement la chimie à l'*aide d'expériences*, l'anatomie *sur le cadavre*, et la pathologie *au lit du malade*. Là aussi il fut soumis à ces examens de fin d'année qu'il devait plus tard introduire dans notre Faculté. Il avait mis à profit pendant deux ans les moyens d'instruction que lui offrait l'Université de Barcelone, lorsque la junte de commerce de cette ville le choisit pour aller, à titre de pensionnaire, étudier à Madrid d'abord, puis à Paris, la chimie dans ses applications à l'industrie et aux arts. Il avait espéré recevoir à Madrid les leçons d'un chimiste que l'Anjou revendique comme une de ses gloires, le célèbre Proust ; mais celui-ci avait abandonné l'Espagne pour n'y plus revenir. Orfila demanda et obtint la permission de se rendre directement en France. Il entrait à Paris le 9 juillet 1807. Désormais il ne quittera plus la France ; celle-ci adoptera bientôt cet enfant de l'Espagne. Que [de séductions n'offrait-elle pas à un jeune homme avide de s'instruire ? Vauquelin l'avait introduit dans son laboratoire ; Fourcroy, dont la voix éloquente allait bientôt s'éteindre, mais rien alors ne faisait prévoir cet événement, Fourcroy avait confié à Orfila le soin de préparer pour lui quelques leçons de chimie organique ; le bon abbé Haüy ne dédaignait pas de l'aider particulièrement dans l'étude de la cristallographie. D'où lui était venue cette faveur si promptement acquise ? C'est qu'à Paris, comme à Valence, Orfila s'était fait remarquer par son amour du travail et sa merveilleuse facilité ; c'est qu'une attraction secrète rapproche les hommes que la science a illustrés des élèves auxquels la science réserve un avenir.

Cet avenir, il est écrit dans chacune des pages du manuscrit où Orfila nous rend compte de l'emploi de son temps pendant ses journées d'étudiant. Heureuse période de la vie où l'on cultive la science pour les charmes qu'elle offre', et sans préoccupation de fortune ou d'honneurs !

Fidèle au système d'études qu'il avait inventé à

Mahon , il [prend encore une fois la résolution
d'enseigner. Un riche propriétaire de la rue du
Bac, dont le fils était lié avec Orfila , mit à la disposition de celui-ci un petit laboratoire assez bien
muni d'instruments de physique et de chimie; ce
fut là qu'il débuta. Un incident, de peu d'importance au fond , va nous montrer quelles étaient
déjà et l'assurance du professeur, et la curiosité
qu'inspiraient ses débuts. Un jour, pendant sa leçon , deux personnes entrent dans la petite salle
où était réuni son auditoire. Quel ne fut pas l'é-
tonnement du jeune professeur en reconnaissant
Fourcroy et Vauquelin ! Tout le monde se lève,
en signe de respect. Orfila s'interrompt ; puis,
avec le plus grand sang-froid, il invite les deux
nouveaux venus à s'asseoir, et continue sa leçon
avec le même calme , la même présence d'esprit ,
que si son auditoire se fût recruté de deux élèves
de première année.

Cette douce vie d'étudiant allait être cruellement
interrompue. La guerre, une guerre qui devait être
longue et cruelle , venait de s'allumer entre la
France et l'Espagne. Murat bombardait Madrid
par ordre de l'Empereur, et, quelque temps après,
Dupont était battu à Baylen par le général Casta-
noz. Les relations du jeune Orfila avec sa famille
et la junte de commerce de Barcelone étaient in-
terrompues ; la misère le menaçait, sa condition
d'Espagnol le rendait suspect. Accompagné d'un
de ses amis, il va solliciter une carte de sûreté

à la préfecture de police. On commence une sorte d'enquête, on multiplie les formalités, et on finit par les retenir prisonniers. L'affaire était sérieuse cette fois, et ne paraissait pas devoir se dénouer aussi facilement que celle qui l'avait appelé chez le grand inquisiteur. Mais la vie studieuse d'Orfila lui avait ménagé un libérateur. Laissons parler le prisonnier : «Après une nuit d'insomnie, dit-il, on me prie de passer dans le cabinet de M. Vera, où je vais en tremblant, croyant qu'il s'agit de me faire subir un interrogatoire. Mais non ! je suis le plus heureux des hommes. Vauquelin est là, en habit d'Institut, l'épée au côté, et revêtu de tous ses insignes. *Je viens réclamer monsieur, dit-il à Vera, il ne troublera jamais l'État ; je l'emmène.—Soit,* répondit le chef du cabinet. Vauquelin me tend la main, je vole dans ses bras, et il me serre avec effusion contre son cœur.» Nous verrons encore une fois, Messieurs, Vauquelin intervenir, comme un génie bienfaisant, dans une circonstance critique de la vie d'Orfila. Ai-je besoin de dire que la reconnaissance et l'amour de son élève n'ont jamais fait défaut à cet homme excellent ?

Devenu libre, Orfila reprit sa vie d'étudiant ; il reçut en 1811 le grade de docteur en médecine de la Faculté de Paris. Les sciences dites accessoires n'avaient pas seules été l'objet de son application, puisqu'il obtint, à son examen de pathologie, la note *extrêmement satisfait.*

Le voilà docteur ; mais il fallait vivre. La guerre

avec l'Espagne continuait ; elle avait fait brèche à la fortune de la famille Orfila. Le père enjoignait à son fils de revenir à Mahon et lui faisait tenir une somme de 300 francs pour le voyage. Orfila refuse ; il renvoie l'argent, bien que sa bourse soit vide. C'était brûler ses vaisseaux ; mais il avait foi dans son étoile, il trouvera des ressources dans l'enseignement. Il ouvre un premier cours chez un pharmacien de la rue Croix-des-Petits-Champs ; il va professer ensuite dans cette célèbre rue du Foin - Saint - Jacques, berceau de l'enseignement particulier. Il y donne des leçons de chimie, de médecine légale, et même d'anatomie ; c'est là, dans un modeste local, qu'il va jeter les fondements d'une science nouvelle, la *toxicologie*.

Désormais la justice ne restera plus désarmée ou plutôt incertaine, hésitante, devant le crime. Des réactions subtiles indiqueront les traces fugitives du poison versé par une main criminelle ; d'ingénieux procédés en dévoileront l'existence, alors même qu'il aura été masqué par les aliments et les boissons. Ils le poursuivront dans les humeurs animales et au sein de nos tissus ; ils iront le saisir encore jusque dans ce détritus informe, produit de la décomposition cadavérique. Désormais aussi plus d'un meurtrier reculera devant la perpétration d'un crime qu'il n'aurait plus l'espoir de dissimuler.

Messieurs, je l'affirme après un examen consciencieux du sujet, la *toxicologie* n'existait pas avant Orfila ; pas un des livres publiés avant lui ne donnait la moindre idée des procédés ingénieux et sûrs inventés par cet habile expérimentateur. On savait, il est vrai, reconnaître certains poisons, alors qu'ils étaient dissous dans l'eau distillée ; mais étaient-ils mélangés au vin, au lait, à la bile, au bouillon, on ne savait plus les retrouver. Le croirat-on ? on disait, on professait, on imprimait, que les réactions restaient les mêmes, que les précipités étaient aussi purement colorés dans les boissons et les humeurs que dans l'eau distillée ! On n'avait pas pris la peine d'y regarder, tant est grande la disposition à jurer *in verba magistri !* Je ne sais si Orfila avait lu Bacon, mais je doute qu'aucun savant se soit plus fidèlement que lui conformé aux préceptes de l'illustre chancelier. L'habitude qu'il avait prise de bonne heure, et qu'il conserva toute sa vie, de soumettre à l'expérimentation toute proposition scientifique, lui venait moins de ses lectures, je pense, que de la rectitude naturelle de son esprit, de son amour du positif. Les erreurs grossières de cette pseudo-science qu'on appelait *toxicologie* pouvaient-elles échapper au contrôle sévère auquel il allait les soumettre ? Il nous raconte ce qui lui avait donné l'éveil de la réforme qu'il allait accomplir. C'était en 1813 ; il venait de montrer à son auditoire les précipités que forme l'acide arsénieux avec divers réactifs. « Ces précipités se produiraient de même, dit-il, si l'acide arsénieux était mêlé à du vin, du café, du bouillon ; et vous allez en avoir la preuve. » Il avait

sous la main une tasse de café à l'eau, il y introduit la dissolution d'acide arsénieux et verse successivement les réactifs dans des portions de ce
liquide composé. O surprise! l'eau de chaux, qui
devait donner un précipité blanc, fait naître un
nuage gris violacé ; un précipité olive grisâtre
prend la place de ce beau vert de Scheele que devait faire naître l'addition du sulfate de cuivre
ammoniacal. L'embarras du jeune professeur était
extrême ; il ajourne l'explication. De retour chez
lui, il mélange toutes sortes de poisons avec des
matières alimentaires, des boissons, des humeurs
animales ; il les soumet à leurs réactifs ordinaires,
et constate que le résultat diffère à peu près constamment de celui qu'on obtient avec les dissolutions pures de ces toxiques. Cependant les poisons
existent dans ces mélanges, puisqu'il les y a intro-
duits ; il faut trouver les moyens de les démasquer :
ce sera l'objet d'une science nouvelle, il se propose
de la fonder. Il court chez un libraire auquel il offre de vendre deux volumes qu'il va composer sur
cette science qui n'existe pas encore ; le libraire,
M. Crochard, accepta ce singulier marché et il
n'eut pas à se repentir de l'avoir contracté. L'ap-
parition de ce traité, qui, enrichi sans cesse par les
soins d'Orfila, est arrivé à sa cinquième édition,
fit une grande sensation. C'est bien de la toxicologie qu'on pouvait dire : *instauratio facienda est
ab imis fundamentis.* L'histoire de chaque poison
y est refaite ; disons mieux, elle y semble tracée
pour la première fois ; et sur cet ensemble de no-

tions spéciales, l'auteur fonde la plus magnifique histoire générale de l'empoisonnement qui ait jamais été composée. Mais je croirais trahir la mémoire d'Orfila, si je m'en tenais à cette vue sommaire de ses travaux sur l'empoisonnement ; abandonnons pour un moment l'ordre chronologique et montrons le grand toxicologiste.

Si Orfila sacrifie des milliers d'animaux à ses recherches, c'est après avoir constaté, prouvé la légitimité des inductions du chien à l'homme, soit qu'on étudie les symptômes de l'empoisonnement, les lésions cadavériques, ou l'action des contre-poisons. Le chien, à la vérité, jouit d'un privilége dont il faut tenir compte : il vomit promptement et facilement, dès lors il n'est plus empoisonné ; mais la ligature de l'œsophage, dont Orfila a si bien apprécié les effets, rétablit la parité des conditions pendant un temps suffisant pour que le spectateur assiste à toute la scène de l'intoxication.

Jusqu'en 1839, on s'était borné, dans la recherche des poisons, à l'examen et l'analyse des matières expulsées de l'estomac et des intestins ou contenues encore dans le tube digestif. Orfila nous montre qu'on peut extraire le poison du foie, du sang, des urines des cadavres, alors qu'il n'y en a plus de traces dans les premières voies. C'est le plus grand pas qui ait été fait en toxicologie, au point de vue médico-légal. Il avait consacré six années à la démonstration de cette importante découverte ; il faut s'y arrêter un instant.

On a dû se demander, de bonne heure, comment

et par quelles filières se propage l'action toxique ?
comment, appliqué sur un point limité du corps,
ce poison va corrompre partout, et avec une rapi-
dité effrayante, les sources de la vie ? On croyait
au dernier siècle, et quelques médecins arriérés
disent encore, que le poison exerce sur les extré-
mités des nerfs de la [membrane avec laquelle il
est mis en contact une impression qui se propage,
par ces nerfs, jusqu'au centre nerveux, dont les
fonctions se trouvent tout à coup perverties ou
anéanties. Haller, ce fidèle historien de la science,
ne paraît pas même se douter qu'on puisse proposer
une autre explication ; il dit, en parlant des nerfs
de l'estomac : *Neque alia via ad mortem brevior est,
venenis vehementer acribus in ventriculum receptis.*
La physiologie moderne avait depuis longtemps
fait justice de cette erreur, lorsque Orfila publia
le fait capital qui nous occupe. Elle avait montré
que, hors le cas de corrosion locale, l'absorption
du poison est la condition de son action toxique ;
que c'est, en un mot, par le sang, et non par les
nerfs, que son action meurtrière se propage au
centre encéphalo-rachidien.

Mais cette vérité était demeurée stérile pour les
expertises médico-légales jusqu'au moment où
Orfila sut en faire des applications tout à la fois
si brillantes et si utiles.

Les vérités, les découvertes, s'enchaînent. Si le
poison porté dans les viscères par l'absorption et
la circulation n'en a pas été éliminé avant la mort,

on pourra l'y retrouver encore longtemps après l'inhumation. Un crime a été commis, la terre couvre le cadavre de la victime; les jours, les semaines, les mois, s'écoulent. Le meurtrier calcule avec anxiété les progrès de la décomposition du corps; déjà il se rassure, la justice humaine ne l'atteindra pas! Vaine espérance! Il n'y a plus de prescription pour la démonstration du crime de l'empoisonnement. Ce témoin irrécusable, cet accusateur accablant, le *poison*, est là indécomposé au milieu des parties qui tombent en dissolution; il est encore, et Orfila saura le retrouver, dans ce terreau noirâtre, dernier vestige de l'être organisé qui va rendre ses éléments au sol.

Ils résistent aussi à la décomposition ces terribles alcaloïdes que le règne végétal élabore; c'est là sans doute une des conditions de leur action toxique. Si l'estomac pouvait digérer la strychnine et la brucine, la noix vomique ne serait pas vénéneuse; l'opium perdrait ses propriétés, si le suc gastrique pouvait attaquer les alcaloïdes qu'il renferme.

Pendant qu'il poursuivait ces recherches, Orfila ouvrait à la toxicologie une autre voie non moins utile et tout aussi neuve. Ces poisons que l'absorption introduit dans la trame de nos organes, la nature s'efforce de les porter au dehors lorsque la vie se prolonge. L'*élimination des poisons*, le temps qu'ils séjournent dans le corps, temps variable pour chacun d'eux, les routes spéciales par lesquelles ils sont expulsés : tel était, avec ses inductions pour la médecine légale, le pronostic et la thérapeutique de l'empoisonnement, le sujet d'études sur lequel Orfila appelait l'attention de ses contemporains. Il appartenait à l'un des agrégés de cette Faculté, au neveu d'Orfila, à l'héritier de son nom dans la carrière médicale, de compléter et d'étendre sur ce point le travail de notre collègue; la dissertation inaugurale, *de l'Élimination des poisons*, a trouvé dans la Faculté et au dehors toute la faveur qu'elle méritait.

Les problèmes de toxicologie sont sans nombre. L'ouverture juridique d'un cadavre vous fait découvrir du poison; faut-il en conclure, dans tous les cas, qu'il y a eu empoisonnement? N'a-t-on pu, dans une intention criminelle et pour perdre un innocent, introduire ce poison dans le cadavre? Le corps de l'homme ne contient-il pas naturellement des métaux toxiques? L'eau qui filtre au travers du terrain des cimetières ne peut-elle conduire des poisons du sol jusque dans les cadavres qui s'y décomposent? Questions que la conscience d'un juré n'eût pu envisager sans terreur, si les expériences d'Orfila n'en eussent donné la solution. S'il admet, par exemple, l'existence du cuivre et du plomb dans le corps de l'homme, il indique un moyen sûr de distinguer le métal normal de la préparation qui aurait causé un empoisonnement. Le premier, il signale l'erreur commise par les chimistes qui avaient cru reconnaître la présence naturelle de l'arsenic dans le corps de l'homme, erreur qu'il avait partagée lui-même ; et quant au composé arsenical que recèle le terrain de certains cimetières, ce composé est à l'*état insoluble* et ne peut pénétrer jusque dans les viscères d'un cadavre. Notions rassurantes, qui permettent à l'enquête de suivre son libre cours !

Créer l'histoire médico-légale de l'empoisonnement, cela pouvait suffire à la réputation d'un médecin. Orfila n'en devait pas rester là. Il trace d'une main sûre les règles à suivre dans l'administration des contre-poisons; il dédaigne, et il a raison de le faire, les assertions de ces médecins, prétendus vitalistes, qui nient l'existence de cet ordre d'agents. *Les combinaisons chimiques*, disent-ils, *ne s'opèrent pas dans l'estomac comme dans un vase inerte*, et, sur ce lieu commun, ils se dispensent du souci de charger leur mémoire de ces détails de thérapeutique. Eh quoi ! un acide et un alcali, mis en présence dans l'estomac, ne céderont plus aux affinités puissantes qui les portent à se combiner ? Quoi ! la magnésie ne pourra émousser dans l'estomac l'action horriblement corrosive de l'acide sulfurique ? Le tannin du quinquina ne se combinera plus avec l'oxyde d'antimoine de l'émétique ? L'albumine ne fera plus avec le sublimé un composé insoluble, si ce n'est dans un excès de cette albumine? Quoi ! vous assistez à ces combinaisons et vous les niez ! Messieurs, non-seulement les affinités chimiques ordinaires peuvent détruire les poisons dans l'estomac, mais elles ont encore, dans des circonstances moins heureuses, le privilége de les y engendrer. L'amygdaline, l'émulsine, substances d'une innocuité parfaite, mises en contact dans un verre, donnent naissance au plus actif des poisons, l'acide cyanhydrique ; introduites l'une après l'autre dans l'estomac d'un animal vivant, elles l'empoisonnent. La combinaison chimique s'est donc faite dans l'estomac comme dans un verre, comme *dans un vase inerte*. Orfila a conseillé le premier l'albumine comme contre-poison d'une foule de dissolutions métalliques, du sublimé corrosif en particulier. C'est en torturant un texte qu'on a voulu faire honneur à Gmelin de cette addition heureuse à la thérapeutique de l'empoisonnement. Orfila démontre que le charbon animal ne jouit pas de la vertu de neutraliser les poisons métalliques, et il nous met en garde contre la sécurité trompeuse qu'une croyance contraire pouvait faire naître. Il nous prémunit aussi contre le danger d'employer, à titre de contre-poisons, des composés toxiques par eux-mêmes ou qui pourraient, combinés avec le poison qu'on veut détruire, engendrer dans l'estomac un nouveau poison. Il donne enfin l'appui de la chimie aux propositions judicieuses que dès l'an X avait formulées Renault ; mais il ne se montre pas tellement épris des applications de cette science, qu'il ne proclame bien haut qu'il faut avant tout, et alors même qu'on ne connaît pas en-

core la nature du poison, provoquer le vomisse-
ment par l'ingurgitation d'eau albumineuse. On ne
peut rien dire de plus sage et de plus pratique.

Sur ce terrain de la thérapeutique, il eut à lutter
contre les sectateurs de Giacomini. Mais nous ne
pouvons prendre au sérieux des médecins qui, pour
asseoir, comme ils le disaient, sur les ruines de la
toxicologie française, la doctrine de l'action hypos-
thénisante des poisons classés par Orfila parmi les
irritants, proposaient de les combattre par les
toniques, le vin et l'alcool; un cheval empoisonné
par l'acide arsénieux mourait un peu plus vite
que si on lui eût épargné le contre-poison.

Jusqu'ici, Messieurs, j'ai mis Orfila aux prises
avec les problèmes généraux de la toxicologie. Je
n'ose m'aventurer dans le récit de ses découvertes
de détail; il faudrait parler de tous les poisons.
Il en est un pourtant, le plus célèbre de tous dans
les fastes judiciaires, que je ne puis passer sous
silence; vous avez nommé l'arsenic. Ce poison a
été pour notre collègue l'occasion du travail le
plus complet qu'ait jamais enfanté la plume d'un
toxicologiste. La malveillance, l'envie, ont vaine-
ment essayé d'en contester les résultats : Orfila
devait sortir triomphant de la lutte qu'elles avaient
engagée avec lui. Abordons sans préambule le point
capital de cette âcre polémique. L'appareil si ingénieux que Marsh avait fait connaître en 1836
offrait, dans sa simplicité primitive, de sérieux
inconvénients. Divers chimistes, une commission

de l'Institut, avaient travaillé à les faire disparaître ; mais il en restait un qui , à lui seul, entravait l'opération. Le gaz qui doit s'échapper, emportant avec lui l'arsenic, qu'il dépose sous forme
d'anneau dans la continuité du tube, et sous forme
de taches caractéristiques là où on le brûle à l'issue
de l'appareil, soulevait une mousse épaisse qui
bientôt interrompait son dégagement ; il fallait à
tout prix détruire la matière animale d'où provenait la viscosité du liquide. Orfila conçoit et met
à exécution l'idée de brûler cette matière animale
par l'azotate de potasse, qu'il remplaça plus tard,
et suivant les cas, par l'acide azotique ou par le
chlore. Dès lors la viscosité a disparu , et le gaz ,
qui se dégage avec autant de régularité que d'une
simple dissolution du poison dans l'eau distillée,
va trahir la présence d'un millionième d'acide arsénieux dans la liqueur ; il suffit même d'un demi-
millionième pour obtenir des taches. Avec quel
soin il fait connaître les précautions qui doivent
assurer le succès de l'analyse ; une flamme trop vive,
en vaporisant le poison , avait fait manquer l'opération des premiers experts dans la célèbre affaire
Lafarge. Il tient compte aussi et de la forme de la
flamme, et de la distance à laquelle on a placé la
porcelaine sur laquelle doivent se déposer les
taches. Quelles recherches délicates pour constater
que les réactifs ne contiennent pas un atome d'arsenic ! Pas une difficulté qu'il n'ait levée , pas une
objection sans réponse !

Mais, disaient ses adversaires, ces taches qui pour vous sont formées par l'arsenic, il suffit de la carbonisation de matières organiques, de la présence de phosphites, d'une huile essentielle ou de charbon, pour leur donner naissance. Objection bien grave, Messieurs, puisqu'il s'agit de vie d'homme. Eh bien ! savez-vous où l'on était allé chercher cette objection pour la porter devant l'Institut ? Dans les mémoires mêmes d'Orfila, qui le premier avait décrit ces *taches organiques* sous le nom de *taches de crasse*, et avait indiqué, l'Institut le constate, des moyens sûrs de distinguer ces taches des taches arsenicales. Le temps me presse ; j'abandonne ces débats. Les contemporains d'Orfila ont prononcé ; ses successeurs s'efforcent de se former à sa pratique : c'est un témoignage non équivoque de l'excellence de ses procédés.

L'immense renommée qu'Orfila s'était acquise en toxicologie le faisait appeler chaque jour à éclairer les tribunaux et les jurés dans les affaires criminelles les plus épineuses. Sa présence était un événement ; on se portait en foule à l'audience pour entendre sa déposition. Il entrait, tous les regards se fixaient vers lui ; il parlait, sa parole était recueillie dans un religieux silence. Il eût pu imposer son opinion par la simple autorité de son nom ; il préférait la démontrer, en rendant accessibles à tous les propositions scientifiques, les vérités expérimentales, sur lesquelles elle reposait. La lumière se faisait ; le doute, le doute si pénible à l'âme d'un juré, faisait place à la conviction. Plus d'une fois, on a vu le coupable accablé, comme si une intelligence surhumaine était venue révéler la vérité en sa présence, renoncer à son système de défense, et chercher dans un aveu sincère des chances d'atténuation à la peine qu'il avait encourue. Ce dénoûment pouvait flatter l'amour-propre d'Orfila ; d'autres scènes allaient plus que celles-là à son cœur. Si le criminel redoutait sa présence aux débats, l'innocent devait l'appeler de tous ses vœux. On n'a pas oublié l'affaire portée devant le sénat de Chambéry : trois inculpés condamnés à mort dans un premier jugement; l'Europe attentive aux débats, le sénat y procédant avec une prudente lenteur. Orfila est consulté : il démontre que les expériences sont fautives, les preuves de l'empoisonnement nulles, et qu'il n'est pas nécessaire d'invoquer l'action de l'acide prussique pour expliquer la mort rapide d'un homme dans le cerveau duquel on a trouvé un caillot de sang plus volumineux qu'un œuf !

Rétrogradons et reprenons le fil des événements. Nous avons laissé notre jeune médecin livré encore à l'enseignement particulier et devenant pour la première fois auteur. L'Angleterre, les États-Unis, l'Allemagne, l'Italie, eurent de suite des traductions de la *Toxicologie générale*. Hallé se l'était fait lire. Cet homme si érudit, si profondément instruit, si bon appréciateur du mérite, avait compris la portée, l'originalité de ce livre; il en avait entretenu ses collègues de l'Académie des sciences, et, peu de temps après, Orfila prenait place parmi les membres correspondants de l'Institut.

A l'Athénée (ce nom rappelle de glorieux souvenirs), il fallait un successeur à M. Thénard, qui lui-même avait remplacé Fourcroy : Orfila fut désigné, et la faveur du public lui prouva qu'il n'était pas resté au-dessous de la tâche qu'avaient rendue si difficile ses deux illustres devanciers.

Cependant le gouvernement de Ferdinand VII apprenait qu'un jeune Espagnol jetait en France les fondements d'une renommée qui allait croissant tous les jours ; il envia peut-être à la France, et il tenta de lui ravir, le savant qu'elle allait adopter. Un décret inséré dans la gazette officielle d'Espagne, et dont le texte fut reproduit dans les journaux français, appelait Orfila à la chaire de chimie que Proust avait occupée à Madrid. Mais le gouvernement français, à son tour, ne vit pas avec indifférence la perte que l'enseignement allait faire dans notre pays. Les ministres de Louis XVIII faisaient offrir à Orfila, en attendant qu'une chaire fût disponible, la place de médecin par quartier. Ces deux propositions étonnèrent Orfila, qui n'avait rien demandé ; mais il était déjà habitué à des surprises de ce genre, car, avant que deux rois se le disputassent, la direction du Théâtre italien lui avait offert un engagement avec 25,000 francs d'appointements. Accepter eût été peut-être le chemin le plus court pour aller à la fortune ; mais Orfila rêvait des triomphes plus durables et d'une autre nature que ceux que peuvent procurer une voix de basse bien timbrée, mordante, agile, assouplie par l'exercice, un habile talent de chanteur, en un mot, et une mimique à la fois spirituelle et expressive. Il avait donc refusé sans hésiter. Entre la France et l'Espagne, le choix était plus difficile : il aimait déjà la France, mais l'Espagne était son pays natal. Cette considération l'eût emporté peut-être, si le premier ministre de Ferdinand n'eût refusé de réaliser une petite réforme universitaire que le génie organisateur avait déjà fait germer dans cette jeune tête. Orfila resta en France. Disons qu'il était tout à fait libre d'engagements avec l'Espagne. A la paix de 1814, un sentiment d'exquise délicatesse l'avait porté à mettre à la disposition de ses anciens protecteurs ces trésors de la science qu'il avait déjà amassés dans notre pays; mais la junte, ruinée et disloquée, ne pouvait plus donner suite à ses projets.

Orfila avait déjà marqué sa place à la Faculté de médecine, lorsque Royer-Collard, qui ne l'avait jamais vu, lui fit dire par Marjolin : « On va créer pour moi une chaire de maladies mentales, la mienne va devenir vacante; c'est à l'auteur du *Traité des poisons* de recueillir mon héritage et de professer la médecine légale. Hâtez-vous de vous faire naturaliser Français. » Peu de temps après, l'École ouvrait ses portes à celui qui devait captiver, sans la fatiguer jamais, l'attention des générations d'élèves qui se sont succédé depuis 1817 jusqu'en 1853.

Les circonstances de sa nomination lui font trop d'honneur pour que je me résigne à les passer sous silence. Le jour de l'élection, Hallé, souffrant et bien près de la tombe, se fait transporter à l'École. Chacun s'étonne et s'apprête à féliciter l'illustre malade de l'amélioration survenue dans sa santé : « Ne vous y trompez pas, dit-il, en prenant place, je ne suis pas mieux ; mais je n'ai pas voulu laisser échapper une occasion de rendre service à la Faculté en venant voter pour M. Orfila. » Sur quoi le vénérable Boyer prenant la parole : « J'étais irrésolu, dit-il, je ne le suis plus ; je voterai aussi pour M. Orfila. »

Les envieux, et déjà Orfila avait mérité d'en rencontrer, se demandaient si, pour ce toxicologiste célèbre, la médecine légale ne serait pas réduite à l'histoire des poisons. Orfila débute : le vaste amphithéâtre de la Faculté ne peut suffire à la foule venue pour l'entendre. Il choisit pour sujet de ses premières leçons un point de médecine légale étranger à la toxicologie ; le lendemain les auditeurs étaient revenus à la lçon. Les jours suivants, l'amphithéâtre était encore plein ; il en fut de même pendant toutes les leçons du semestre, et pendant les quatre ans qu'il professa la médecine légale, et pendant les vingt-neuf années qu'il consacra à l'enseignement de la chimie médicale. On se demande le secret d'une telle fortune professorale. Ne le cherchez pas dans l'élégance prétentieuse et châtiée du langage ni dans la pompe du discours. L'élève pourra venir, pendant quelques séances, pour entendre un professeur éloquent ; mais il l'abandonnera, s'il n'est qu'éloquent. Instruire, voilà tout le secret d'obtenir l'assiduité d'un auditoire. C'était le secret d'Orfila. Il visait à la clarté du langage, et non à arrondir une période ; il savait à propos sacrifier les superfluités, les choses accessoires, pour développer les parties fondamentales d'une question ; il était méthodique, mais il ne tombait pas dans l'excès des divisions et des subdivisions scolastiques. Pour chaque proposition, il donnait la démonstration expérimentale, lorsque cela était possible ; car il savait qu'une expérience grave mieux un fait dans la mémoire qu'une simple description orale. Son élocution était facile, sa voix sonore pénétrait dans toutes les parties de l'amphithéâtre ; il s'animait, se passionnait parfois, sans jamais cesser de se posséder.

La mémoire, cette faculté si injustement dépréciée, si indispensable au professeur, n'était jamais en défaut chez Orfila. Vous ne l'avez pas oublié, Messieurs ; c'était chaque année, pour ses auditeurs, un nouveau sujet d'étonnement. On le voyait, dans la leçon qui avait pour objet les équivalents chimiques ; on le voyait, dis-je, le dos tourné à deux immenses tableaux entièrement couverts de chiffres, appeler tous ces nombres et leurs fractions, sans broncher, sans hésiter ; et s'il arrivait parfois qu'il y eût défaut de concordance entre le tableau et l'appellation orale, c'était le copiste qui s'était trompé, et non le professeur.

La science faisait de nouveaux progrès, et cependant Orfila voulait en présenter, chaque année, le tableau complet aux élèves ; il portait à cinq quarts d'heure la durée de ses leçons, et multipliait celles-ci vers la fin du semestre, au point d'en élever le nombre à quatre-vingts, au lieu de soixante. Pardon, Messieurs, pour la simplicité de ces détails ; mais ils peignent mieux le professeur que je ne pourrais le faire en un autre langage, et ils avivent, chez les élèves qui m'écoutent, le sentiment de la perte immense qu'ils ont faite.

Orfila a professé successivement la médecine légale et la chimie ; il a écrit sur l'une et l'autre de ces sciences.

On se tromperait étrangement, si l'on croyait qu'en *médecine légale* la toxicologie seule a été l'objet des travaux originaux d'Orfila. Un traité en trois volumes, et la publicité acquise à ses découvertes, montrent avec quel soin il avait abordé toutes les parties de ce vaste sujet. Là encore il va substituer la méthode expérimentale aux stériles dissertations dans lesquelles s'étaient perdus les médecins-légistes. Veut-il savoir si quelques signes locaux permettent de reconnaître qu'un individu trouvé pendu par le cou l'a été de son vivant ou après sa mort, il pend des cadavres et dissèque les parties que le lien a pressées ; cette expérience lui apprendra encore si la suspension après la mort peut causer la turgescence des corps caverneux et la présence de spermatozoïdes dans l'urèthre. Veut-il savoir si l'eau s'introduit dans les voies aériennes, quand le corps a été submergé après la mort, et jusqu'où elle pénètre, il plonge des cadavres dans des liquides colorés.

La question d'identité des personnes a été pour Orfila l'occasion d'un travail qui ne pourra paraître futile qu'à ceux qui méconnaîtraient et l'importance du but, et la délicatesse des moyens employés pour l'atteindre. Changer la couleur de ses sourcils et de ses cheveux est un stratagème fort usité ; pendant qu'il s'occupe des moyens de le dévoiler, Orfila devient si habile en cette matière, qu'il peut, à l'instant même et sans le secours de la teinture, donner aux cheveux toutes les teintes imaginables, et quelle que soit leur couleur primitive. Sous sa main, la chevelure rouge prendra la teinte noire éclatante du jais, le brun deviendra blond, et le châtain cendré. Est-il nécessaire de dire qu'il sait faire reparaître à l'instant la couleur naturelle ? Des artistes qu'on devine eussent gardé pour eux la découverte ; Orfila donne libéralement la recette à tout le monde, dans son *Traité de médecine légale.*

C'est d'ordinaire un sujet très-émouvant, dans les cours d'assises, que la détermination des taches que portent les instruments qu'on soupçonne avoir été employés par les meurtriers. Est-ce du sang qui colore ce couteau ? n'est-ce que de la rouille, ou encore le produit de l'action d'un fruit acide sur le fer ? L'imagination des romanciers et des antiquaires s'est complue dans la croyance à une sorte de pérennité, d'indestructibilité des taches de sang ; Walter Scott montre encore dans le palais d'Holy-Rood le sang de cet infortuné musicien qui fut poignardé sous les yeux de Marie Stuart. Sans doute la matière colorante du sang résiste longtemps à la décomposition, Vauquelin nous l'a appris ; mais il suffit de la traiter par l'eau pour la dissoudre et l'enlever. C'est sur cette propriété de l'eau, c'est en soumettant à de délicates investigations ce qu'elle enlève et ce qu'elle laisse, qu'on peut résoudre le problème si souvent posé par les tribunaux. Nous devons ces précieuses notions à Orfila ; ses leçons sur ce sujet avaient précédé de deux ans l'excellente publication de M. Lassaigne.

Entre le moment où le corps enveloppé du linceul va être déposé dans la tombe et celui où, redevenu poussière, il s'est agrégé au sol qui l'a reçu, que de modifications successives, que de métamorphoses dans ce cadavre ! L'imagination la plus riche ne saurait les prévoir, et elle égarerait infailliblement celui qui aurait la prétention de les décrire. Cependant l'expert doit les connaître ; car la détermination, approximative au moins, de l'époque d'un décès est souvent la base d'une enquête médico-légale. Le traité des *exhumations juridiques* a constitué ce point de la science. Orfila y décrit l'état extérieur et intérieur de corps qu'il a fait exhumer à des époques de plus en plus éloignées du décès, depuis les premières semaines jusqu'à deux et trois ans ; des figures tracées d'après nature nous font assister à cette destruction successive d'un être organisé. Rien de plus pittoresque et de plus mélancolique à la fois que cette galerie de portraits. Mais des cadavres ont pu séjourner et pourrir dans d'autres milieux ; Orfila étudie les changements qu'ils subissent dans l'eau renouvelée, l'eau croupissante, le fumier, les fosses d'aisances. Que de courage, que de patience ! que de dégoûts à surmonter ! Jamais, que je sache, un tel travail n'avait été entrepris, et il est permis de douter que son auteur ait beaucoup d'imitateurs.

L'événement qui avait fait passer Orfila de la chaire de médecine légale à la chaire de chimie était déplorable. Une ordonnance royale venait de casser la Faculté. Il entrait dans le plan de ceux qui présidaient à sa réorganisation de supprimer la chaire d'histoire de la médecine, de rendre à Royer-Collard l'enseignement de la médecine légale, et de mettre Orfila à la place de Vauquelin, qui restait exclu, ainsi qu'Antoine Dubois, de Jussieu, Deyeux, Pelletan, Lallement, et Desgenettes. Prévenu de ce qui se passe, Orfila court chez son bienfaiteur et lui révèle ce qui se complote contre lui. *Ce n'est pas possible*, dit Vauquelin, *ils n'o-seront pas*. C'était la première fois peut-être que Vauquelin laissait échapper une expression tra-hissant, même indirectement, la conscience qu'il devait avoir de sa valeur. *Ils oseront*, dit Orfila. «En ce cas, reprit Vauquelin, professez la chimie, je l'exige ; le refus que vous feriez de cette per-mutation ne me rendrait pas ma place et priverait les élèves de l'excellent enseignement que vos pré-cédents leur assurent.» J'ai dit comment Orfila avait justifié le jugement de Vauquelin.

Orfila parle avec une modestie extrême de son traité de chimie : «Mes *Éléments de chimie* n'ont d'autre mérite, dit-il, que celui de la coordina-tion des faits.» D'autres qu'Orfila n'eussent pas fait si bon marché du succès d'un livre parvenu à sa 8e édition, et dans lequel l'art de manier les réactifs est exposé avec une certaine originalité. Mais l'auteur de la *Toxicologie générale*, de la *Mé-decine légale* et des *Exhumations juridiques*, était assez riche de gloire : il pouvait négliger des titres qui eussent suffi pour placer honorablement dans le monde savant des hommes moins éminents que lui.

Dans le récit de cette vie si remplie, il faut se résigner à négliger de nombreux détails. Rappe-lons cependant que, nommé président des jurys médicaux, il sut, de concert avec son ami Béclard, qui en même temps que lui avait été investi de cette haute mission, rendre à une institution gangrenée les garanties de sévérité et d'intégrité qu'elle avait perdues depuis longtemps.

Désormais, Messieurs, Orfila va nous apparaître sous un nouveau jour; son mérite va appeler sur lui les honneurs, et avec eux, mais dans un avenir encore lointain, les soucis cuisants qui en sont trop souvent le cortége.

Il avait pu désirer le décanat, mais à coup sûr il ne l'avait pas demandé. L'histoire de sa promotion n'offre pas moins d'intérêt que celle de son élection au professorat. La révolution de 1830 avait rendu à la Faculté les professeurs frappés par l'ordonnance de 1822. Le célèbre Antoine Dubois, récemment élevé au décanat, mais peu désireux de le conserver, prie Orfila de l'accompagner au ministère, pour y traiter, disait-il, d'une affaire administrative. A peine ils sont entrés dans le cabinet du ministre, que M. Dubois s'exprime en ces termes : «Monsieur le ministre, je suis âgé, peu jaloux de conserver des fonctions administratives; je viens vous prier d'accepter ma démission de doyen. Permettez-moi de vous présenter M. Orfila, pour qui je demande la place vacante.» Le lendemain la nomination de M. Orfila était signée.

Voici une nouvelle phase dans la vie de notre collègue, il va devenir administrateur. Il restera toxicologiste habile, car il a travaillé jusqu'à son dernier jour au perfectionnement de la science qu'il avait créée. Les soins du décanat ne compromettront point non plus la régularité de son enseignement, car avant tout il est professeur ; rien ne peut compenser dans son cœur le prix qu'il attache à la reconnaissance des élèves, et s'il veut imposer à ses collègues l'exactitude dans l'accomplissement de leurs devoirs, il sait qu'il doit leur en donner l'exemple. Son activité suffira à tout ; les cours seront faits désormais avec régularité, les examens deviendront sérieux, les élèves prendront régulièrement leurs inscriptions. Il fallait, pour arriver à ces fins, de la fermeté sans rudesse, de la bienveillance qui ne dégénérât pas en laisser-aller. Rarement trouve-t-on ces deux qualités réunies dans une juste mesure ; Orfila savait les concilier.

Tandis qu'il travaille à raffermir la discipline, il opère un renouvellement complet dans le matériel de l'École.

A la place de ce bâtiment mesquin, hideux, désigné sous le nom de *Clinique* sur les affiches des cours et qui n'en avait que le nom, va s'élever une construction élégante, régulière, spacieuse, où seront installées deux véritables cliniques, l'une de chirurgie, l'autre d'accouchements ; celle-ci manquait à la Faculté.

Des salles de dissection nouvelles ont remplacé ces réduits fétides et insalubres où les plus laborieux de nos élèves compromettaient leur santé.

Ce magnifique jardin botanique où, chose rare dans les établissements de ce genre, l'élève studieux trouve la plante à côté de l'étiquette qui la désigne, c'est à Orfila que nous le devons.

La libéralité de Dupuytren avait fait les frais d'une chaire d'anatomie pathologique ; Orfila eut le talent de faire instituer une chaire et de créer un musée d'anatomie pathologique avec la somme léguée par le célèbre chirurgien de l'Hôtel-Dieu. Celui-ci est mort sans se douter qu'un jour les étrangers viendraient admirer à Paris un musée portant le nom de *Dupuytren*.

Le doyen n'avait pas encore mis la dernière main à cette grande et utile entreprise, que déjà il en méditait, il en réalisait une plus considérable encore. Il avait visité à l'étranger plusieurs galeries anatomiques, le musée de Hunter l'avait particulièrement frappé. Au sentiment d'humiliation et de découragement que fit naître chez lui la pauvreté relative de nos galeries d'anatomie normale, succéda un ardent désir, puis la ferme volonté, de rivaliser avec l'Angleterre, de la surpasser peut-être. Il revient à Paris. Le ministre accorde à ses pressantes sollicitations les allocations nécessaires pour l'arrangement du local ; les travaux commencent. Jamais métamorphose plus complète ne fut plus promptement opérée : tout marchait de front. Les nouvelles galeries n'étaient pas terminées, que déjà affluaient de toutes parts les richesses anatomiques qui devaient y être rangées. Orfila avait fait appel à nos aides d'anatomie, nos prosecteurs, nos conservateurs, à tout ce qui sait manier un scalpel, pousser une injection, disposer une pièce au foyer du microscope. Il s'était mis en relation avec les plus célèbres anatomistes de l'Europe : *Eschricht*, de Copenhague ; *Panizza*, de Pavie ; *Hirtl*, de Vienne (celui-ci était alors à Prague) ; *Erdl*, de Munich ; *Richard Owen*, de Londres, etc. Une réponse d'Hirtl à la demande qu'Orfila lui avait faite de deux cadres où vous pouvez étudier aujourd'hui, Messieurs, d'excellentes préparations de l'oreille, prouve que notre musée ne jouissait pas alors d'une bien grande réputation près des anatomistes d'Allemagne. « Comment, dit-il, vous voulez que je vous envoie cette pièce, la seule qui existe en Europe, pour que vous la placiez dans un mauvais coin d'un musée qui sera peut-être aussi mal tenu que celui du Jardin du Roi ? » Le sarcasme était décoché sans doute contre la galerie d'anatomie comparée du Musée d'histoire naturelle, mais il ne pouvait atteindre les riches collections zoologiques de cet établissement. Orfila avait aussi frappé à cette porte. M. Geoffroy Saint-Hilaire lui avait prêté le plus obligeant concours. Le professeur d'anatomie comparée y avait mis moins de bonne volonté ; il s'était refusé d'abord à tout échange de pièces. Plus tard il avait envoyé quelques échantillons de rebut, parmi lesquels figurait un kanguroo portant un sternum de chien. L'honorable professeur avait pensé sans doute que cela passerait inaperçu à la Faculté de médecine de Paris. Ce trait eût pu prendre place dans la piquante et spirituelle notice de M. Flourens sur son collègue du Jardin du Roi. Revenons à notre musée. Ce fut un véritable tour de force que sa création. En cinq mois, tout fut fini ; 16,000 pièces étaient rangées dans les nouvelles galeries. En cette circonstance, comme en beaucoup d'autres, la Faculté exprima par un vote qu'elle était reconnaissante des efforts du doyen. Le ministre qui les avait généreusement encouragés, M. de Salvandy, voulut les récompenser ensuite en donnant au musée anatomique de la Faculté le nom de l'administrateur habile qui lui avait fait subir une si heureuse transformation.

Avec l'instinct des grandes choses, on peut n'être qu'un rêveur, si l'on n'a reçu en même temps les qualités qui président à l'exécution. Les hommes à projets ne sont pas rares. Combien y en a-t-il qui sachent les réaliser ? La sagesse la plus vulgaire conseille de n'entreprendre que ce qui est possible, mais la détermination du *possible* et de l'*impossible* est l'œuvre de facultés supérieures et spéciales. Orfila les possédait à un degré éminent ; il eût pu dire, avec un courtisan célèbre : *Si la chose est possible, elle est faite ;* mais il n'eût point ajouté : *Si elle est impossible, elle se fera.* Il a su mener à bonne fin des entreprises difficiles, il n'en a jamais tenté d'irréalisables. Il abordait l'examen des questions de ce genre avec un rare bon sens, un jugement sûr, une sagacité pénétrante, une connaissance approfondie des hommes et des choses, l'intelligence du but et des moyens, une vue nette de l'ensemble et des détails. L'entreprise une fois décidée, il apportait à la mise en œuvre des qualités d'un autre ordre et qui constituaient comme le pouvoir exécutif de sa nature morale. Le caractère intervenait concurremment avec les ressources de l'esprit ; une volonté ferme, une persévérance que rien ne pouvait rebuter, une activité que peu d'hommes ont égalée, un talent égal à tourner les obstacles sans le secours de l'astuce ou à les enlever de haute lutte : le tout aiguillonné par un vif amour de l'approbation, ce stimulus du génie, ce sentiment élevé devant lequel il faut s'incliner quand il cherche sa satisfaction dans des œuvres utiles à l'humanité.

On s'est étonné qu'Orfila ait trouvé assez de temps pour tout ce qu'il a fait, mais le temps ne fait pas défaut à qui sait en régler l'emploi. Ce ne serait pas une exagération de dire qu'Orfila arrêtait, un semestre à l'avance, le programme de ses occupations pour chaque heure du jour et pour chaque jour de la semaine. Ses amis savaient toujours où le trouver ; il suffisait pour s'orienter de tirer sa montre et de tenir compte de l'époque de la semaine. Il était d'une ponctualité exemplaire : ce pouvait être, à lui aussi, *sa politesse;* mais cela découlait encore d'un sentiment profondément gravé dans sa conscience, j'aurais dû dire d'une vertu, le *sentiment du devoir.*

Suivons rapidement Orfila dans le conseil des hôpitaux, où il avait été appelé pendant son décanat, et à l'Académie de médecine, à laquelle il appartenait depuis sa fondation.

Dans le conseil des hôpitaux, il donnait tous les jours de nouvelles preuves de ce tact exquis, de cette entente des affaires, de ce sens pratique, qui formaient le caractère de son administration. L'existence des cliniques, la question des autopsies, les prétentions parfois exagérées des médecins d'hôpitaux, la résistance systématique de l'administration de l'assistance publique, devenaient parfois l'occasion de conflits entre le conseil et la Faculté. La position d'Orfila devenait difficile alors ; car, s'il était le représentant naturel du corps médical, il ne pouvait cependant déserter les intérêts de dignité, j'ai presque dit les prérogatives, d'une administration qui l'avait appelé dans son sein et qui parlait au nom de la charité publique. Le doyen apportait dans ces débats un esprit de conciliation qui n'excluait pas de vigoureuses décisions. On le vit, dans une grave circonstance, envoyer sa démission au ministre de l'intérieur, qui refusa de l'accepter ; les termes de ce refus font le plus grand honneur au démissionnaire et au ministre, qui conservait à l'administration des hôpitaux le concours éclairé qu'elle était menacée de perdre.

A l'Académie de médecine, on n'a pas perdu le souvenir des luttes dans lesquelles Orfila se trouva engagé, ni de la sagesse de ses conseils dans les délibérations plus calmes. Peu de temps avant sa mort, son argumentation précise, nerveuse, méthodique, nourrie de faits, jetait à flots la lumière et fixait l'opinion de l'assemblée sur une des plus hautes questions que l'Académie ait eues à résoudre. Élevé en 1851 au fauteuil de la présidence, il y apporta cet art suprême et délicat de diriger les délibérations d'une grande assemblée.

Ce fut pendant son décanat qu'il conçut et mit à exécution le projet de fonder, pour les médecins du département de la Seine, une société de prévoyance. Pensée charitable et généreuse, nouvelle forme de cette sollicitude active avec laquelle il embrassait les intérêts du corps médical ! C'était son œuvre de prédilection, j'ai presque dit son *œuvre sainte*. Son appel fut entendu ; la société érigée par se soins en établissement d'utilité publique soulage aujourd'hui de nombreuses et timides infortunes.

Enfin Orfila avait gravi l'échelon le plus élevé dans la hiérarchie universitaire, le Roi l'avait appelé à prendre dans le Conseil supérieur de l'instruction publique la place que Cuvier avait laissée vacante. Ce fut alors qu'il organisa les écoles préparatoires de médecine et de pharmacie, et qu'il introduisit dans l'enseignement des Facultés les réformes intelligentes qui devaient rehausser la valeur du diplôme de docteur en médecine. On ne le vit point user de sa haute influence au profit exclusif de l'école à laquelle il appartenait : il dota de chaires nouvelles les Facultés de Montpellier et de Strasbourg, il releva dans les trois Facultés l'institution des agrégés.

Trois hommes éminents, qui, sous le règne de

Louis-Philippe, ont gouverné l'instruction publique, avaient accepté et fait mettre à exécution les
plans d'améliorations matérielles et de réforme des
études proposés par le doyen. Impatient de com-
mencer ce qu'il avait projeté, de terminer ce qui
était en voie d'exécution, Orfila devançait parfois
les allocations extraordinaires, les crédits addi-
tionnels, qu'allaient rendre nécessaires ses grandes
entreprises. Avant tout, il voulait que les élèves
fussent promptement mis en possession des avantages qu'il leur ménageait. Une administration
bienveillante avait constamment fait honneur aux
engagements du doyen qui possédait et méritait sa
confiance ; sous un gouvernement nouveau, les
choses allaient suivre un autre cours. Mais nous
n'en sommes pas encore là.

Nous avons essayé, Messieurs, de montrer en
Orfila l'homme public ; nous allons le suivre dans
le monde et pénétrer dans l'intimité de sa vie
privée. Quelques philosophes, au siècle dernier,
ont fait une large part au hasard, dans les grands
événements historiques et les destinées indivi-
duelles ; ils n'ont pas assez tenu compte, pour
celles-ci, de l'inégalité native des facultés. Orfila
en possédait une qui devait exercer une remar-
quable influence sur sa vie d'intérieur, aussi bien
que sur sa position dans le monde : il avait le *sens
musical* développé à un haut degré. Faut-il faire
remonter jusqu'à l'époque où, pour suivre les pre-
scriptions du docteur Siguier, Orfila chantait au

lutrin, la révélation qu'il eut de son goût pour la musique? Son manuscrit nous y autoriserait. Nous y lisons que les chants religieux l'avaient déjà vivement impressionné, mais il devait se passionner plus tard pour les compositions d'un autre genre. Il était à Barcelone depuis quelque temps, lorsqu'on le conduisit à une représentation de la *Molinara*; l'exécution de ce chef-d'œuvre de Paësiello le jeta dans une sorte d'extase. Au sortir du spectacle, il veut reproduire ces traits brillants, ces roulades, qui l'ont émerveillé, et dont il n'avait pas eu jusque-là la moindre idée. Vaine tentative ! sa voix est lourde encore ; le plain-chant n'avait certainement pas contribué à la rendre agile. Cependant il persiste dans ses tentatives. Dès le lendemain au matin (ce jour-là il n'alla point à l'hôpital), il avait gravi le mont Juich pour s'y exercer sans témoins. A dix heures, il rentrait à Barcelone, tenant, comme il nous le dit, sa roulade, joyeux de cette sorte de conquête, et persuadé que l'homme tenace *peut* à peu près tout ce qu'il *veut*. Or il *voulut*, à partir de ce moment, devenir musicien. Il se livra à cette nouvelle étude, comme à toutes les autres, avec passion ! Que serait l'homme sans les passions? Il se procure un piano, une flûte, un violon, une guitare ; il s'exerce sur tous ces instruments à la fois, puis plus particulièrement sur la guitare, et il s'arrête enfin au plus expressif des intruments, la voix humaine. La sienne, nous le savons déjà, méritait bien la culture qu'il lui donna.

Les amis que, jeune encore, Orfila s'était faits
à Paris connaissaient et son goût pour la musique
et son talent : l'un d'eux, c'était Edwards aîné,
l'auteur de l'*Influence des agents physiques sur la
vie*, proposa à Orfila de le présenter dans une
maison où il pourrait entendre une jeune personne,
grande musicienne et chantant admirablement.
Orfila accepte; il est introduit chez M. Lesueur,
architecte distingué, devenu depuis membre de
l'Institut. Sa fille justifiait bien l'éloge qu'en avait
fait Edwards. Laissons à Orfila lui-même le soin
d'apprécier cette jeune personne : « Mlle Gabrielle
Lesueur était, dit-il, une chanteuse distinguée et
une excellente pianiste, quoique âgée seulement
de dix-huit ans; sa voix de soprano, d'un timbre
délicieux et d'une justesse irréprochable, était, à
juste titre, comparée à celle de la célèbre Barilli.
Un jugement droit, un caractère aimable, un esprit
des plus délicats, un physique agréable, en avaient
fait à mes yeux un être accompli. » C'était là, dira-
t-on, le langage d'un amant. Soit; mais il en dif-
férait pourtant en un point essentiel, c'est qu'il
était exempt d'exagération. L'élite de la société
parisienne a confirmé l'appréciation qu'Orfila avait
faite des qualités de la jeune fille qui allait devenir
la compagne de sa vie. M. et Mme Orfila furent
bientôt recherchés dans le monde avec un empres-
sement qu'expliquaient et leur talent et leurs manières. Deux salons étaient célèbres à cette époque :
celui de la princesse de Vaudemont, cette grande

dame qui avait favorisé l'évasion de La Valette, et qui s'était éprise pour les jeunes époux d'une affection qu'elle leur conserva jusqu'au terme de sa vie; et le salon de la comtesse de Rumford, veuve de Lavoisier. Orfila y rencontrait les plus illustres représentants de la politique, de la science, des lettres et des arts. Les relations qu'il contracta avec plusieurs de ces personnages aplanirent singulièrement, dans la suite, les difficultés de sa vie administrative; il me disait parfois : « J'ai obtenu plus de décisions avantageuses pour la Faculté, j'ai mené à bonne fin plus d'entreprises relatives aux études, dans les salons que dans les bureaux des administrations. » Cet aveu scandalisera peut-être ces hommes qui cherchent dans un maintien austère et l'ennui qu'ils infligent une sorte d'appoint à une réputation d'administrateur ou de savant; mais les succès dans le monde ne pouvaient être compromettants pour celui que tant de travaux sérieux et utiles recommandaient à l'estime des véritables savants et à la reconnaissance publique.

Avec la célébrité, l'aisance était venue; M. Orfila put *recevoir*, à son tour. Quelque chose qu'il entreprît, il était destiné à des succès exceptionnels; on se portait en foule à ses soirées, où pendant vingt ans se sont fait présenter et sont venus se faire entendre les artistes les plus distingués de la France et de l'Italie.

Étendre à l'infini le cercle de ses relations, c'est s'exposer parfois à ne posséder aucun ami. Orfila

n'eut pas ce malheur. Ce serait un touchant épi-
sode que le récit de son intimité avec le peintre
Lacoma, son compatriote, qui avait partagé sa cap-
tivité momentanée. Tout Paris a su quel tendre et
solide attachement avait uni l'honorable famille
Mosneron à la famille Orfila. De deux familles n'en
faire qu'une; n'avoir qu'une seule maison, une
seule table; mettre en commun les plaisirs et les
chagrins de la vie, sans que la plus légère mésin-
telligence ait jamais troublé cette félicité domes-
tique : voilà ce qu'a produit cet attachement et ce
que n'ont pu même interrompre les coups que la
mort a frappés des deux côtés. Ceux qui ont connu
Orfila dans son intérieur ne s'étonneront pas qu'il
ait inspiré des amitiés si durables; un caractère
égal, une douceur inaltérable, de la gaieté, des dis-
positions bienveillantes, faisaient trouver dans son
commerce un charme tout particulier.

Il joignait à ces avantages des traits nobles et
expressifs ; l'âge semblait ajouter chaque jour à
leur distinction, sans rien enlever à leur heureuse
régularité.

On le croira difficilement dans le monde, et cependant le fait est certain, cet homme, qui n'était
pas insensible aux honneurs, n'a jamais rien demandé pour lui; ses promotions dans l'ordre de
la Légion d'Honneur au grade d'officier, puis de
commandeur, vinrent le surprendre, comme le décanat et le titre de conseiller de l'Université.

Quelle belle vie, Messieurs, et que cette félicité

est bien méritée ! L'âme se repose avec bonheur dans cette contemplation d'une récompense anticipée accordée au travail et au noble emploi des facultés de l'esprit. Mais l'heure de l'adversité allait sonner !

La révolution de Février éclata. L'un des premiers actes du gouvernement provisoire fut la destitution du doyen : acte de faiblesse, car il fut imposé au nouveau pouvoir par quelques ennemis d'Orfila. Et quels ennemis ! On sait aujourd'hui d'où partait le coup ; je suis heureux de proclamer ici que ce n'était pas des rangs du corps médical. La famille Orfila possède, et j'ai eu entre les mains, la lettre dans laquelle on se félicite d'avoir obtenu la révocation du doyen. A la lecture de cette pièce, dans laquelle la langue française n'est pas plus respectée que le sens moral, Orfila a pu s'écrier, à son tour :

Mais c'est mourir deux fois que souffrir tes atteintes.

Les infortunes s'enchaînent comme les événements heureux. Après avoir révoqué le doyen, on le tourmenta sur les actes de son administration ; on censura ce qu'on avait loué, on parlait presque de punir ce qu'on avait récompensé. Orfila ne voulut pas répondre à ces attaques ; les merveilles qu'il avait fait éclore étaient là et répondaient pour lui : elles exciteront encore la reconnaissance des élèves et des hommes de science, lorsque depuis longtemps sera effacé le souvenir des tristes débats qu'elles ont provoqués.

Orfila parut supporter avec une fermeté stoïque la nouvelle position qui lui était faite; mais qui oserait calculer les ravages qu'un tel effort pouvait produire dans une organisation vigoureuse, chez un homme passionné, habitué au pouvoir depuis longues années, et pour qui la louange était devenue une sorte de besoin, tant il l'avait souvent commandée par les bienfaits de sa gestion? Il chercha une diversion à de pénibles pensées dans les succès de l'enseignement, qu'il a obtenus jusqu'à sa dernière leçon; dans l'affection des élèves, qui ne lui a jamais manqué; dans la société de ses amis, qui tous s'étaient pressés autour de lui dès que l'infortune l'avait frappé.

Mais, à cette nature active, à cette âme profondément blessée, il fallait des impressions qui excédassent celles de la vie commune; il les trouva dans la réalisation, anticipée peut-être, d'un acte d'éclatante générosité, dont il avait conçu le projet au temps de sa prospérité. Le 4 janvier 1853, Orfila venait déclarer en pleine académie qu'il léguait, je me trompe, qu'*il donnait à l'instant même*, une somme de 121,000 francs pour l'achèvement du musée anatomique de la Faculté, l'institution d'un prix à l'Académie, et pour quelques autres établissements d'enseignement supérieur. D'un bout de la France à l'autre, les médecins accueillirent par leurs acclamations cet acte de libéralité. Et cependant, Messieurs, je ne sais quel triste pressentiment m'assiégeait, lorsque j'entendais Orfila annoncer qu'il donnait *de son vivant* pour surveiller et diriger l'exécution de ses volontés; il me semblait voir, dans ce langage trop confiant, une sorte de défi jeté à la destinée humaine. Hélas! la mort devait frapper le donateur avant la réalisation légale du bienfait; ces adresses de félicitations que la province lui faisait parvenir de toutes parts, c'est sur sa tombe qu'il a fallu les déposer.

Orfila avait fait leçon la veille du jour où il prit le lit pour ne plus s'en relever; cette dernière leçon l'avait singulièrement fatigué, mais il avait eu le courage d'aller jusqu'au bout : c'était la mort du soldat sur le champ de bataille. Le bruit qu'Orfila est en danger se répand dans Paris; de tous côtés, on se porte à sa maison : amis, médecins, élèves, ceux qui arrivent interrogent avec anxiété la physionomie de ceux qui sortent. Mais le mal avait offert de suite un caractère de gravité qui ne pouvait laisser aucun espoir. Orfila expira le 12 mars 1853, après avoir confié à deux de ses amis les plus dévoués, M. Possoz, membre du conseil général de la Seine, ou, à son défaut, M. le Dr Ménière, le soin de faire exécuter ses dernières volontés.

Et maintenant dois-je me flatter, Messieurs, de vous avoir fait connaître complétement Orfila? Non assurément. Le peintre qui détacherait d'un

modèle chacun des traits qui le composent pour
les faire passer isolément sous vos yeux ne vous
donnerait pas la moindre idée de la physionomie
de ce modèle. Je craindrais de ressembler à ce
peintre, si je n'ajoutais quelques mots. Je vous ai
montré l'étudiant, le toxicologiste, le médecin-
légiste, le professeur, le doyen, l'administrateur,
l'académicien, le fondateur d'une œuvre de bienfaisance, le conseiller de l'Université, l'homme
du monde enfin ; mais je ne vous ai pas montré Orfila comme vous l'avez vu, comme je l'ai compris.
J'aurais voulu, mais l'espace et peut-être mes for-
ces m'ont fait défaut, j'aurais voulu arrêter vos
regards sur cette individualité brillante, excep-
tionnelle, qu'ont engendrée par leur concours
harmonieux tant de qualités diverses. J'aurais essayé de déduire les unes des autres ces qualités ou
de les rapporter au moins à la source commune
d'où ont jailli les conceptions heureuses auxquelles
le monde a applaudi. Nous aurions possédé enfin
le secret de la vie d'Orfila. Tous les actes de cette
vie traduisent le développement, la transformation
d'un seul amour, d'une seule passion. Enfant,
l'ardeur d'apprendre le domine ; un amour pré-
coce de la science le porte à rechercher des maîtres, à une période de la vie où on se les laisse imposer. A peine il a quitté les bancs, que déjà il
travaille à reculer les bornes des connaissances hu-
maines dans une de leurs branches les plus impor-
tantes ; il est toxicologiste. Il règle, il étend les

applications de la science dans ses rapports avec l'administration de la justice ; voilà le médecin-légiste. Professeur, il n'imagine pas de félicité plus douce, de gloire plus solide, que de répandre, de vulgariser ce qu'il sait si bien. Après quoi la transition est facile ; cette passion qu'il avait pour la science, il la déverse tout entière sur ceux qu'il a reçu la mission d'instruire. La jeunesse studieuse est devenue et restera désormais l'objet de ses plus chères préoccupations. C'est pour elle que, doyen, il va créer des musées, instituer des cliniques nouvelles, assainir les salles d'anatomie, ouvrir, pendant les longues soirées d'hiver, la bibliothèque éclairée et chauffée, régulariser l'enseignement, et aliéner, de son vivant, une partie considérable de sa fortune. Mais l'élève va devenir docteur : la sollicitude d'Orfila le suivra dans cette nouvelle position, elle s'étendra aux intérêts moraux et professionnels du corps médical tout entier ; les mesures que le conseiller de l'Université aura su faire agréer au ministre tendront à rehausser la valeur et la signification du diplôme. Voyez enfin le médecin chargé d'ans et pauvre, soulagé dans sa détresse par l'institution de prévoyance dont Orfila fut le fondateur, et vous avez le dernier terme de cette série logique de causes et d'effets, qui commence par *l'amour de l'étude* et finit par *la bienfaisance.*

Paris. — RIGNOUX, Imprimeur de la Faculté de Médecine,
rue Monsieur-le-Prince, 31.